CÍRCULO
DE POEMAS

Makunaimã morî mai

Palavras belas de Makunaimã

Trudruá Dorrico

Toosh toosh

Esta é a forma com que os antigos makuxis anunciavam sua chegada, avisando ao uyonba que vinha para uma visita, embora a visita de um parente costume durar entre um dia e um ano, ninguém nunca sabe ao certo.

Com toda licença, me anuncio com *Makunaimã morî mai*, cuja tradução dada pela minha mãe, Julia Dorrico, é "Palavras belas de Makunaimã".

As palavras, os versos, são meus, mas o conhecimento é da minha mãe, do meu avô, da minha tia-avó, de meu povo Makuxi, cujo território ancestral, o Circum-Roraima, localiza-se em três países: Guiana, Venezuela e Brasil, desafiando a configuração geopolítica dos Estados-nação modernos, convidando ao reconhecimento dos povos indígenas em seus territórios ancestrais, de biomas cultivados e preservados em sua diversidade.

O povo Makuxi possui língua própria, o *macuusi maimu*, a língua makuxi, de tronco linguístico karib.

Eu não sou falante, sou estudante dela, pois minha geração sofreu as consequências da catequização e da perseguição que designava nossa língua como gíria nos anos 1950, que forçou direta e indiretamente nossos pais a vigiar a fala makuxi, para nossa sobrevivência na escola, na igreja ou nos eventos sociais. Ser makuxi hoje é um orgulho, mas antes, não muito tempo atrás, era uma condenação.

É por isso que, neste livro, você leitor encontrará vocábulos *maimu* junto à língua portuguesa, eles expressam o meu sonho de gradativamente entrar na minha língua e nela fazer morada, tal qual vivo nesta com que lhes escrevo e sonho.

Aqui, escolhi esteticamente alternar a língua portuguesa com o *macuusi maimu*, como forma de manter presente nosso tronco ancestral, conhecedor das plantas sagradas, dos alimentos, das seduções, das constelações.

Também trago duas *pandoni*, na língua materna e traduzida, gênero makuxi que sobreviveu na oralidade, salvaguardado pelos contadores de histórias antigas: "A história do fogo" e "A história da menina-moça e a raposa". Eu as renomeio para "história" em vez de usar a tradicional categoria de mito, visto que para os makuxi essas *pandoni* representam memórias do tempo em que nossos antepassados viveram com o fogo, com os sapos, com as raposas, ainda em suas formas de gente; sendo elas uma espécie de conhecimento sagrado e científico que explica formas, texturas, sentimentos, relações que conhecemos hoje do mundo. É a própria história da terra contada com imagens mágicas, que até ousamos nomear metáforas, mas que é outra coisa, que só os mais velhos sabem.

Essa velha história, de *pandoni*, de Makunaimã, do mundo makuxi também faz parte da memória brasileira, mas de modo turvo, uma vez que nosso pajé Makunaimã foi apropriado e transformado num anti-herói nacionalista, com nome de Macunaíma, um personagem sem origens makuxis e taurepangs, isto é, sem raiz pemon, indígena.

Este livro é uma tentativa de recuperar o orgulho do grande espírito, que habita o lavrado e as serras, pois tudo o que vivemos deriva do que nossos avôs, Makunaimã e a floresta, nos ensinaram naquele tempo. Reconhecer os povos indígenas e a cultura da terra é um caminho para os brasileiros — e todos que vivem neste mapa — enfim se reconhecerem como natureza, nossa primeira constituição (não) humana.

Os poemas são minhas sementes, com as quais cultivo minhas palavras, do lavrado makuxi aos mundos.

Escrever me ensina a ser floresta: na forma da palavra-serpente, onça, *omagon*, *pemongon*, parixara, Maikan, Ani'kê, Insikiran, Aribá, o Monte e os sonhos que rezam o passado que me guia neste presente.

Toosh toosh, agora que estou chegando, te desejo boas leituras. Inna, morî pe man!

Ecossistema dos deuses

I

Assim como meus antepassados pedem licença para
entrar na mata,
peço licença para entrar na terra da poesia com a
literatura indígena.
Essa escrita nascida da Amazônia, de Yu, alimentada
por mangas, peixes e caças.
Uma arte sonhada entre cogumelos e líquidos preciosos,
moldada em jardins celestes de formigas.
A floresta é nossa primeira residência.

II

Nestas palavras há espíritos cujas vestes variam nas
formas de escamas de peixes, de cobras, de frutas,
de animais,
em fibras narrando tramas dos povos e comunidades
que consagram a terra, o rio, o barco, a piracema,
os netos correndo na praia com borboletas de dia e
vaga-lumes à noite.
Nunca estivemos separados da terra, dos urubus-reis,
dos aromas,
nem mesmo das palavras sagradas e do passado e
presente que se casam todos os dias.

III

Assim como nosso cordão umbilical é estirado quando
vamos nascer,
somos igualmente expostos nos livros da escola,
para que seja instaurada a doutrina do progresso e da
civilização

que proclama estradas de asfalto e hidrelétricas,
fazendas de gado e soja,
sempre narrando o perigo dos mosquitos furiosos e
"índios selvagens",
narrando uma natureza, mãe, fêmea, mulher, a ser
pe-ne-tra-da, a ser in-va-di-da.
Cortar nosso feixe vascular é cortar a mata.

IV

Você é levado a acreditar
levado a morrer
na crença singular e (do marco) temporal
que século após século vai atropelando o ecossistema
dos deuses.
A História que você conhece é uma perversa ficção
contra os indígenas.

V

Árvores e flores
perfumadas e cicatrizantes,
pássaros
bichos
formigas
gentes
quando cortados
extinguem mais um sabor, mais um cheiro
que nosso corpo — feito de fauna, flora e rastros
brilhantes de céu — poderia reconhecer.

VI

Uma história da terra é um presente, e esse aqui eu
recebi de Ucarapura, o parente da nação Baré:

Antigamente mulheres e homens caçavam e pescavam
juntos.
Um dia eles encontraram uma terra boa, mas não
tinham como atravessar,
não tinham barcos flutuantes, nem uma ripa que
pudesse servir de apoio na travessia.
Então as mulheres rezaram ao criador para que ele
criasse um caminho e pudessem pegar as caças e
os alimentos.
A terra lá era boa.
O criador viu as mulheres prostradas chorando sobre
as margens e concedeu.
As lágrimas se expandiram e se transformaram em uma
flor, criando uma trilha permitindo que passassem e
pegassem os alimentos.
Na volta à noite, o criador cobrou o preço, e as mulheres
tiveram que ficar no rio, tornando-se o espírito da
flor, que é a vitória-régia.

VII

Não há nada na natureza que não seja encantado.

Yepotorîyamî ptase

I

Penaronkon uyonpayamî esatî teesenka'nunkai yu ya
teewomîkon'pe
to pampe nîrî satîuya ewomî pe pta wonkon maimu ya
literatura indígena pokompe.
Seni imenukaasa senpopî yu yawon Amazonia po,
morîpe iku'sa manne eram'hai wenepîtînto pe yei
pana koreta moropai awainankon.
Tuna yeka morî pukuru ya, iku'sa pe wanî mi'kîyamî mri
morepî ka' yeka.
Yu mîrî emainon anna yewî.

II

Yekaton man sennikon maiya inkamoro pon mo'ta mîrî
moropipî pe, ikîipipî pe,
ipeeru pipî pe, o'makon pipî pe,
xinayamî ya ekarmenin pemonkonyamî moropai
tekomansenkon yekare inkamoro morî pe pata,
iwora, kanaua, moroyamî kubri yemaninkon,
pa'riyamî eka'tumî'kon prana krî po winnai aka'weyamî
pokonpe moropai akompiyamî
ewaron ya.
Anna ipantîkapî pepîn pta pia pai, ptunai pta esa pia
pai, morî ipu'nukuton pia pai,
morîkon mai pia pai nîrî penaron moropai sîrîrîpe
emari'ma weikasarî.

III

Sené anna pooni' yewa nî kusan pe ikunsa anna sempo
tanne,
se kaisarîkon pe anna erama'toya kaareta ya
esenuwatokon pta po,
mîrî pona awetope morî ayei'po epamî'to pe moropai
tîwesenonkon pia nîrî
inkamoro ya samam ema moropai hidrelétricas,
mararî kon pepîn paaka yami ptase moropai ma'sari
yuse to wanî,
ko'narî ekaremekî toya narikon kosoro'pan kon msayamî
moropai "ksoro'pankon pta wonkon",
ekarekî toya ko'manto, yan, wîri, ewonîpî'tope,
epakuri'tope.
Anna yemîkon ya'tî nîmîrî yu ya'tî pampe.

IV

Amîrî yarî toya yapurî pe wanî pa
ayarî'to pe wanî asamanta tope
tiwinan yapurutokon nî (marco) temporal.
Mîrî penaron, tîpo penaron itî itiri'nîpîiya yepotorîyamî
ptase.
Amîrî ya sené pantoni iputî mîrî mîrî imakuipe
ikonekasa pta wonkon itentîksa.

V

Yeiyamî moropai yei yarikuyamî
aposinkon moropai yepi'tîtonkon
tronyamî
o'makon
mi'kîyamî'
pemonkonyamî

î'kaima ya'tîsa pe
awe'tîka mîrî ipo'pe awe'to, aposin pe uyesakon eto —
o'makonyamî ke, yei yariku ke moropai xixipankon
yemapî ka'pai non ke iku'sa —
yeputî pe nan pe awetî.

VI

Pta pantoni mîrî awe'tîrînto, sené tarîwanî api'xipîuya
Ucarapura pia pai, upemonkono mîkîrî Baré pta pon:
Pena wîriyamî pokompe warayokon wapîta'pî moropai
konai'pî.
Tiwin wei yai marî pta eporîpî to'ya,
tîîse o'non'yeka pe to ru'kîtî tonpra wanî pî,
kanaua iun tonpra, ikamo tonpra apîtînîpî ton ru'kîtî
tanne.
Moriya uûriyamî epuremapî ikonekaton pia ema ton
ikoneka topia kamoyamî moropai
teekarikon ton apixê pe toya.
Moroo pta man morî pukuru.
Ikonekanen ya wîriyamî eramapî teesenka'nunkai eren
yepî pona inna pe itîrîuya.
Kurenan pe yemparuru napî emo'tîpî yariku'pe,
e'ma ton ikonekapia to tekîrîkon eramai.
Ewaron ya to ennapo pî, ikonekanen wanî epe yuse,
mîrîrî wîriyamî enîmîpî iwora ka inkamoro nûrî
yariku yekatonpe, mîrî mîrî paimî.

VII

Tamînîwarî yu mîrî tekaton kenan.

Grafismo

Eu me pinto
com jenipapo, urucum e tabatinga
que me dão a tinta
pra que os espíritos
protejam meu corpo —
de palha,
de têxtil,
de barro,
de pele —
pras letras contarem as *pandoni*
dos peixes,
das águas,
dos bichos e plantas que vivem
nas formas escritas da mata.

Quando escrevemos em nossos corpos com a tinta da terra
tudo principia mais uma vez.

Roça

Onde está minha mãe,
ela exortou em sua primeira oração.
Os gêmeos chegaram e lhe disseram:
— É tempo de plantar.
E lá plantaram jenipapo, jarai, buriti, taxi, coco babão,
bacaba,
patoa, taperabá, ingá, banana, abacaxi, jatobá, araçá,
murici de galega,
murici de cai-cai, fruta de maçaranduba, maracujá do
mato e apaatu'.
O alimento é nossa memória.
Quando você esquecer quem é, planta para lembrar.

Apo' Pandoni

Insikiranyamî' wanî'pî apo' ton pra. Pîretukupa wanî'pî apo' esa pe.

Ewaron ya' iipia to' wîtî'pî Insikiranyamî'. Apo' potîsaiya wanî'pî ewaron ya'.

Kari'sa pe to' ena'pî. Apo' yarîn yenpakapîiya kari'sa pe si'ma.

— Kari'saya apo' yarî'pî man — ta'pî pîretukuyamî'ya.

To' wô'pî to'ya, apo' yenpakaiiya tanne. Moropai to' esewankono' ma'pî:

— O'non ye'ka pe ipu'pai nai? — ta'pî to'ya.

— Maasa, sipia wîtîn pai, uwi — ta'pîiya.

To' wîtî'pî iipia, apo' potîsaiya tanne.

Warineya:

— Pi-pi-pi-pi pemongon iini'pî'man — warineya ekaremikî'pî.

Tîîkamatu yennoma'pîiya pîretukupaya.

— Moro nan, ko'ko? — ta'pî to'ya, Insikiranyamî'ya.

— Tarî wai — ta'pîiya. — Î'kai aaisakon?

— Ayetai anna iisa. Anna emi'nepansa man.

To'pîsa'sakon nîmî'pî to'ya pîretuku yewî'ta. To' wîtî'pî aminke, poro pona, aminke. Moropai:

— Ko'ko — ta'pî to'ya. — Anna pîsa'sa ne'kï!

Tîpa yarimapîiya pîretukupaya.

— Kaane — ta'pî to'ya. — Amîrî asikî, amîrî! — ta'pî to'ya.

Moropai pîretuku wîtî'pî to' yekarî'pî. Inkamoro Insikiranyamî' pî'sa'sa yarî'pîiya. Morobai pîretuku apisî'pî to'ya. Yare'mopîtî'pî to'ya, yakitapa'pî to'ya. Apo' epa'ka'pî inta yai. To' ekatumî'pî. Apo' yenpepî to'ya.

— Kaane — ta'pî pîretukupaya. — Seeni apo'!
Morî seeni! Mîrîrî sa'mantan kumatu — ta'pî pîretukupaya.

Morî ikaremekî'pîiya, teuren sîrîrî pîretukupaya morî tîsaya, asa'mantan pepîn, teuren morî tîîsa pîretukupaya, yu'ku to'ya pra wanî'pî. To' eka'tumî pî, apo' sa'mantan kumatu yenpepî to'ya. Apo' esa'pe Insikiranyamî ena'pî.

História do fogo

Os gêmeos, Insikiran e Ani'kê, filhos de Makunaimã, ainda não tinham fogo.

Os sapos, antigamente, eram os donos dele.

À noite, eles não tinham fogo.

Ficavam na escuridão.

Para ter o fogo, se transformaram em grilos. Como grilo, um dos irmãos tirou uma brasa do fogo.

— Um grilo carregou o fogo — gritaram os sapos.

Para tirar a brasa do fogo, eles mataram uns sapos, mas isso os deixou sentidos depois. Embora eles tenham pegado uma brasa, ela logo se apagou.

Eles queriam o fogo bom e não o fogo dos que estão para morrer.

— Vamos lá com a sapa, disseram. E foram para junto da sapa, Pîretuku na língua makuxi, que tinha o fogo ardendo.

Warinê é o passarinho, ele canta "pi-pi-pi-pi", ele é o xerimbabo dos sapos. Warinê disse para a sapa:

— Está vindo gente!

A sapa ouvindo o aviso engoliu o fogo.

Ani'kê e Insikiran perguntaram:

— Vovó, você está aí?

A sapa respondeu:

— Sim, estou aqui, o que vocês querem?

— Nós viemos para te ouvir. Também estamos com fome.

Eles entraram na casa dos sapos, mas logo saíram, cerca de 100 metros. De lá gritaram:

— Vovó traz nossos sapatos!

A sapa mandou eles mesmos buscarem:
— Não, vovó, traz você!
A sapa, a contragosto, foi ao encontro deles. Eles pegaram Pîretuku e a derrubaram, fazendo assim com que o fogo saísse de sua boca. Eles pegaram o fogo e fugiram com ele.
A sapa dizia:
— O bom fogo é o que eu tenho, o que vocês pegaram é o fogo dos que estão para morrer.
Embora a sapa dissesse isso, os irmãos Ani'kê e Insikiran se tornaram os donos do fogo.

Apîgó

A cobra deu a volta no galho
e olhou para ela
ali, parada no meio do paraíso
Feito gente
Feito serpente
A cobra trocou de pele
e veio caminhando em sua direção com toda altivez que pôde
Ela o envolveu com seu desejo
e ali nasceu um homem
cujo pai é a cobra.

Essequibo

Os ingleses atiraram no meu tio
que tombou prontamente no chão.
Ele voltou ao barro
mais rápido do que veio.
Meu tio ainda estava criança.

Morobai Maikan tauya:

— Vem, meu neto, eu te recebo.
A guerra *estragou* tudo.
Ainda estamos em diáspora na nossa própria terra
migrando e fugindo feito estrangeiro
— dentro de nosso próprio país.

Maikan morobai auronopî pandoni

Auronopî wîri' wîtiî'pî.
Attî'pî piriko enase.
Tiwinsarî attî'pî. Mîîkîrî eporî'pî Maikanya.
Morobai ta'pîiya:
— Î'pî awanî, wîri'si?
— Î'pî wanî pepîn; piriko ena'pîuya.
— Aase, uyaeakkîrî wîtînpai man uyewî'ta!
Yarî'pîiya. Erepanî'pîpîiya tewî'ta. Itewî' wanî'pî auru pe.
Yawonîpî'pîiya.
Morobai maikanyamî' manannu'pî.
Morobai to' mananu era'ma'pî auronopîya.
— Yoroi, yoroi ye kumanen kanon; kanon, kanon ye kumanen —
aya-hãin-aya-hãin-hãinya-hãinya-aya-hãinya!
To' serenka'pî.

Î yai'rî anna pandoni ekaremekî
anna ya tanne mirarî pra esaratî inî'rî

História da menina-moça e a raposa

Havia uma menina-moça, que tinha tido sua primeira menstruação.

Ela foi comer araçá miúdo sozinha no lavrado.

Uma raposa lhe encontrou e disse:

— O que você está fazendo, manon?

— Não estou fazendo nada — a moça respondeu —, estou apenas comendo araçá miúdo.

— Vamos comigo para minha casa, venha! — Convidou a raposa. A moça foi.

A casa da raposa era cerrada de mato. A raposa convidou a moça para entrar. Lá tinha muitas outras raposas. A raposa começou a dançar com todas as outras raposas. Enquanto isso, a moça olhava as raposas dançarem e cantarem:

— Caju, cajueiro, mudando da água para o vinho, mocororó; araçá, araçazeiro, desmanchando-se em suco para beber: aya-hãi-aya-hãi-hãi-ya-hãi-ya-aya-hãi-ya!

Cantavam e dançavam sem parar.

Quando contamos nossas histórias
tudo principia mais uma vez.

Língua

Eu sei que o tronco da tua palavra
é a lâmina que corta minha língua
Mas eu ainda sou quem nasceu
i n s u b o r d i n á v e l
Feito capivara
atravessando a faixa
Feito macaco
no escritório de educação
Feito corvo
na manifestação
Estou contrariando toda
i n t e g r a ç ã o
Inflamo o meu ovário, confronto a tua carne;
anuncio o meu verbo — de novo:
é língua, é língua.
Porque eu sei que eu sonho.
Porque eu sei que o monte sonha.

Apîgó II

Eu me arrasto
ao fim da página,
como cobra,
lendo as palavras
que dissemos
juntos.

Eu caminho
eu deslizo
eu venho
em ondas
brava
breve
abreviando
este tempo.

Eu escrevo pra me curar.

Eu não desejo
outra coisa
senão quando sentir o veneno
ardendo na pele,
rasgando
queimando
me devorando,
que ainda assim
eu possa
pertencer
e permanecer
firme.

Ritual para esquecer

I
Feche os olhos e encare a escuridão.
É sempre um longo caminho.
Só pare quando você encontrar o brilho,
aquele que não dissipa as sombras.

II
Procure um rio,
repouse os pés e escreva uma história ou um poema.
Desenhe letras antigas.

III
Ensaie a sua coragem:
duas forças opostas podem ser um sorriso.

IV
O fulgor está em pontos vitais:
olhos, boca, coração e pés.
Não é possível manter-se forte se eles não estão na mesma harmonia.
É daquela intuição, bem lá de dentro que estou falando.

V
Este ritual é pra você esquecer...

VI

E depois lembrar que já foi onça lutando com fogo
já esteve ardendo em brasas
e que mesmo marcada pelas cicatrizes
elas — por vezes — são a tua mais encantadora pintura.

Enfeitiçar: verbo indígena

Quando o maimu vive entre a gente
Com seu ápice móvel
Com sua dorsal rugosa tocando o céu
A raiz da língua pulsa
expelindo o desejo de caçar
de marupiar
de pescar
de continuar aqui
pisando a terra
cuja cura está
em cada erva
em cada folha
em cada sonho
até enfeitiçar de novo e de novo

Aya

Diz que é belo seu cabelo
elogia seu rosto
seu corpo
até se cansar

Até a caça vir
até ela se entregar
até encantar
aya aya aya

Diz uma palavra doce
fala baixinho
aya aya aya

Não se assuste
nunca se assuste
não é pra assustar
É pra encantar
aya aya aya

Vem pisando o chão mansinho
ao som do meu canto
vem com seu rosto bonito
vem andando
enquanto eu canto
não é pra assustar
é pra encantar
aya aya aya

Comunidade

Rezando a terra
cantando os bichos
batendo as plantas

Dançando de pés descalços
com saias de fibras
— nas serras e nos lavrados
Habitando em casas de palha e barro
— ancestrais

Comendo damorida
bebendo pajuaru, caxiri e mocororó

Assim "caminhamos em direção ao futuro
na trilha de nossos antepassados"*

* Carta Kari-Oca, ECO 92.

Abrigo

a Sasà

Quando você diz bom dia na sua e em outras línguas
e vejo a palavra dançar num ritmo alegre da sua boca
Eu sei
você é meu abrigo

Meu primeiro abrigo é o meu povo
O maimu
O nosso caldo de peixe
Os cheiros de chás
O céu que nos cobre no lavrado
e todas as tias que nos visitam para uma comemoração

Minha mãe diz que o makuxi dorme na gente — *e acorda*
E nós acordamos nossa língua no café da manhã

Quando você todo dia
afirma o amor que sente
Eu sei que a vida pode ser doce
em meio ao tempo de noites amargas

Aprendo que a mudança não é repentina, voraz e frágil
A transformação é forte e é meu arauto

Quando você me dá bom dia
na sua e em outras línguas
e vai falando sobre qualquer coisa
Eu sei que você também é meu abrigo

Amko'rî

O tempo
caminha redondo
e chegará o dia em que seremos livres de novo.

Esewan knom sa wai

Não vou reafirmar o direito à tristeza
porque quem sofreu cinco séculos
merece ao menos
sentir coragem para sorrir genuinamente
diante da luta, diante do verso.
Não vou dizer não se preocupe, parente,
vou dizer se prepare
porque nós,
nós estamos voltando.

Retomada, capítulo 2025

Convoco toda a nação Makuxi a contar as histórias dos antepassados, as *pandoni*.
Convoco toda a nação Makuxi a contar as histórias de luta.
Convoco toda a nação Makuxi a cantar as parixaras, os tukuis, os areruias.
Convoco toda a nação Makuxi a fazer uma bandeira para nosso povo.
Convoco toda a nação Makuxi a falar a língua, o *macuusi maimu*.
Convoco toda a nação Makuxi a ser livre, a viver a autodeterminação,
mesmo que a liberdade e a soberania ainda sejam um sonho duro.
Convoco toda a nação Makuxi a viver nossa alegria.

Ritual de iniciação

(Ecossistema dos deuses, VIII)

A floresta é a minha residência artística.
Assim como meus antepassados pedem licença pra sair
 da mata,
peço licença pra sair destes poemas.

Yu mîrî emainon anna artística yewî.
Penaronkon uyonpayamî esatî teesenka'nunkai yu ya
 epaaka to'pe,
to pampe nîrî satîuya epaaka pe pta wonkon maimu yai.

MAIMU-PORTUGUÊS

AMKO'RÎ: redondo

APÎGÓ: cobra

ARERUIA: espécie de ritual ou religião construída a partir da influência religiosa ocidental, baseada principalmente na música que traz o nome "areruia", carregando em suas letras vestígios cristãos e indígenas, de acordo com a pesquisadora do povo Wapichana Jucicleide Pereira Mendonça dos Santos.

AYA: veneno da erva

ESEWAN KNOM SA WAI: em estado de tristeza, preocupado

ESSEQUIBO: o rio Essequibo é um curso d'água guianense que nasce na serra Acaraí, fronteira com o Brasil, e corre para o norte por aproximadamente mil quilômetros até desembocar no oceano Atlântico, formando um largo estuário de 32 km de largura pontilhado de ilhas. Engloba vários afluentes, incluindo o Rupununi, o Potaro, o Mazaruni e o Cuyuni. É uma região que o povo Makuxi considera ancestral.

INNA: sim

KO'KO NON: avó barro, significando terra viva

MAIKAN: raposa

MAIMU: palavra, língua makuxi

MAKUNAIMÃ: Deus-pajé do povo Makuxi

MAKUNAIMÃ MORÎ MAI: palavras belas de Makunaimã

MARUPIAR: derivação de marupiara, que designa jovens corajosos

MANON: menina-moça, bonita, jovem

MARUWAI: a árvore aromática do breu branco, medicinal e espiritual (em língua baré, diz-se "sicantá")

MORÎ PE MAN: está bom, sim, é isso, vamos lá!

MOROBAI MAIKAN TAUYA: "e Maikan disse"

NÚMEROS MAKUXI: aprendi com minha mãe que os números em makuxi se contam assim, se contando os dedos de uma mão, da outra, de um pé e de outro. Em minha interpretação, antigamente contar e identificar individualmente cada produto, alimento, não era uma necessidade de nosso povo. Evidentemente a colonização reconfigurou essa relação e hoje contamos e fazemos matemática.

OMAGON: bichos, gente-bicho

PANDONI: histórias dos seres da floresta makuxi

PARIIKUWA': espécie de ave de pequeno tamanho que geralmente canta ao nascer do sol e aparece no início e no fim do inverno

PARIXARA: gênero musical ancestral do povo Makuxi, cantos parixara

PEMONGON: pessoa verdadeira makuxi, opõe-se a bicho (omagon)

TARÉM: rezos de cura feitos pelo/a pajé

TRAMAS: motivos e/ou grafismos pertencentes aos povos indígenas

TOOSH TOOSH: forma de anunciar que está chegando

TUKUI: gênero musical ancestral do povo Makuxi

UYONBA: categoria política que significa "parente", utilizada tanto entre parentes de um povo, com parentesco familiar, quanto com indígenas de outros povos; é usado fundamentalmente na relação indígena-indígena como forma de identificação e reconhecimento na sociedade dominante

XERIMBABO: animal de estimação

YU: floresta

DIREÇÃO EDITORIAL Fernanda Diamant e Rita Mattar
COORDENAÇÃO DA COLEÇÃO E EDIÇÃO Tarso de Melo
COORDENAÇÃO EDITORIAL Juliana de A. Rodrigues
ASSISTENTE EDITORIAL Millena Machado
REVISÃO Eduardo Russo
DIRETORA DE ARTE Julia Monteiro
IMAGEM DE CAPA Felicia Júlia Dorrico, *Casa no lavrado* (pintura à mão com tinta de tecido, 2024)
PROJETO GRÁFICO Alles Blau
EDITORAÇÃO ELETRÔNICA Página Viva

CIP-BRASIL. CATALOGAÇÃO NA PUBLICAÇÃO
SINDICATO NACIONAL DOS EDITORES DE LIVROS, RJ

D759m

Dorrico, Trudruá
Makunaimã morî mai : palavras belas de Makunaimã / Trudruá Dorrico. — 1. ed. — São Paulo : Círculo de Poemas, 2025.

ISBN: 978-65-6139-080-4

1. Poesia brasileira. I. Título.

CDD: B869.1
25-97678.0 CDU: 82-1(81)

Meri Gleice Rodrigues de Souza — Bibliotecária — CRB-7/6439

circulodepoemas.com.br
fosforoeditora.com.br

Editora Fósforo
Rua 24 de Maio, 270/276, 10º andar
01041-001 — São Paulo/SP — Brasil

FSC
www.fsc.org
MISTO
Papel | Apoiando o manejo florestal responsável
FSC® C011095

A marca FSC® é a garantia de que a madeira utilizada na fabricação do papel deste livro provém de florestas gerenciadas de maneira ambientalmente correta, socialmente justa e economicamente viável e de outras fontes de origem controlada.

ipsis

CÍRCULO DE POEMAS

O **Círculo de Poemas** é a coleção de poesia da Editora Fósforo que também funciona como clube de assinaturas. Seu catálogo é composto por grandes autores brasileiros e estrangeiros, contemporâneos e clássicos, além de novas vozes e resgates de obras importantes. Os assinantes do clube recebem dois livros por mês — e dão um apoio fundamental para a coleção. Veja nossos últimos lançamentos:

LIVROS

Poemas em coletânea. Jon Fosse (trad. Leonardo Pinto Silva).

Destinatário desconhecido: uma antologia poética (1957-2023). Hans Magnus Enzensberger (trad. Daniel Arelli).

O dia. Mailson Furtado.

O Kit de Sobrevivência do Descobridor Português no Mundo Anticolonial. Patrícia Lino.

Se o mundo e o amor fossem jovens. Stephen Sexton (trad. Ana Guadalupe).

Quimera. Prisca Agustoni.

Sílex. Eliane Marques.

As luzes. Ben Lerner (trad. Maria Cecilia Brandi).

A extração dos dias: poesia 1984-2005. Claudia Roquette--Pinto.

Noite devorada. Mar Becker.

Por isso as papoulas. Andreev Veiga.

Voo breve sob o sol. Ana Costa dos Santos.

PLAQUETES

E depois também. João Bandeira.

Soneto, a exceção à regra. André Capilé e Paulo Henriques Britto.

Inferninho. Natasha Felix.

Cacto na boca. Gianni Gianni.

O clarão das frestas: dez lições de haicai encontradas na rua. Felipe Moreno.

Mostra monstra. Angélica Freitas.

é perigoso deixar as mãos livres. Isabela Bosi.

A língua nômade. Diogo Cardoso.

Dois carcarás. Leandro Durazzo.

Muchacho e outros poemas. Rodrigo Lobo Damasceno.

As cidades. Caetano W. Galindo.

Outras peles. Lucas Guimaraens.

CÍRCULO DE POEMAS

Este livro foi composto em GT Alpina
e GT Flexa e impresso pela gráfica Ipsis em
maio de 2025. Suas cicatrizes, por vezes,
são a sua mais encantadora pintura.